한국회계기준원 교육자료
회계기준 길잡이 *1*

한국회계기준원
Korea Accounting Institute

금융상품 분류 : 신종자본증권

한국회계기준원
조사연구실

신영사

Contents

I 들어가는 말

신종자본증권은 상법상 채권으로 구분되나 회계상 채무상품과 지분상품의 특성을 함께 가지고 있는 유가증권이며, 만기가 매우 길거나 만기연장옵션이 있어 영구채라고도 불린다. 2008년 12월 금융당국이 신종자본증권에 대한 BIS 기본자본의 인정 범위를 상향 조정(기본자본의 15%에서 30%)함에 따라 글로벌 금융위기 후 자본확충이 절실했던 기업들에 의해 대규모로 발행되고 있다.

이 자료에서는 신종자본증권의 계약 조건이 복잡하여 관련 회계기준을 적용하기 어렵다는 의견에 따라 이해관계자들의 이해를 돕기 위해 발행자 입장과 투자자 입장으로 나누어 관련되는 회계기준과 회계처리를 자세히 설명한다. 먼저 신종자본증권 발행자의 회계처리에서는 기업회계기준서 제1032호 '금융상품 : 표시'를 중심으로 신종자본증권을 금융부채나 지분상품(자본)으로 분류하기 위해 관련된 정의가 무엇인지와 그 밖에 고려해야 할 사항을 설명한다. 또 국내에서 실제 발행되었던 신종자본증권의 회계처리 사례를 제시하여, 회계기준을 어떻게 적용하는지를 설명한다. 신종자본증권 투자자의 회계처리에서는 신종자본증권의 주계약을 채무상품이나 지분상품으로 분류하기 위해 고려해야 할 사항과 파생상품의 분리회계를 설명하고 복합금융상품에 대하여 국제회계기준과 유사한 기준을 가진 미국회계기준의 내용을 일부 살펴본다.

Ⅱ 신종자본증권 발행자의 회계처리

01 이 주제의 중요성

발행자의 입장에서 부채와 자본의 분류는 기업의 부채비율에 직접적인 영향을 미치기 때문에 매우 중요하다. 최근 발행되는 금융상품은 부채와 자본의 특성이 모두 포함된 복잡하고 다양한 경우가 많다. 따라서 이런 금융상품 발행자로서 재무제표를 작성할 때 부채와 자본 분류의 회계처리 기준을 명확하게 이해하는 것이 필요하다.

금융부채와 지분상품(자본)의 분류에 대해 다루고 있는 기준서는 기업회계기준서 제1032호이다. 기준서 제1032호는 국제회계기준 IAS 32 *Financial Instrument : Presentation*에 대응되는 한국채택국제회계기준(K-IFRS)이다. 그러나 이 기준서는 복잡하고 이해하기가 쉽지 않아 실무에서 적용하기 어렵다는 의견이 많다. 본 자료에는 기준서 제1032호에서 규정한 금융부채와 지분상품의 분류에 관한 내용을 핵심사항별로 이해하기 쉽게 설명하고 관련 사례를 포함하였다.

02 개 관

금융상품의 발행자는 발행하는 금융상품을 기준서 제1032호에서 정한 금융부채의 정의를 충족하는지 지분상품(자본)[1]의 정의를 충족하는지에 따라 최초 인식 시점에 부채나 자본으로 분류한다. 다음 그림은 금융부채와 지분상품에 대한 이해를 돕기 위해 요약한 것으로서, 이 주제에 한정하기 위해 설명의 편의상 일부 생략되었다.

1) 기준서 제1032호에서는 '지분상품'이라는 용어를 사용하고 있으나, 발행자 관점에서 분류를 설명하기 위하여 편의상 '자본'으로 사용한다.

■ **금융부채와 지분상품의 분류**

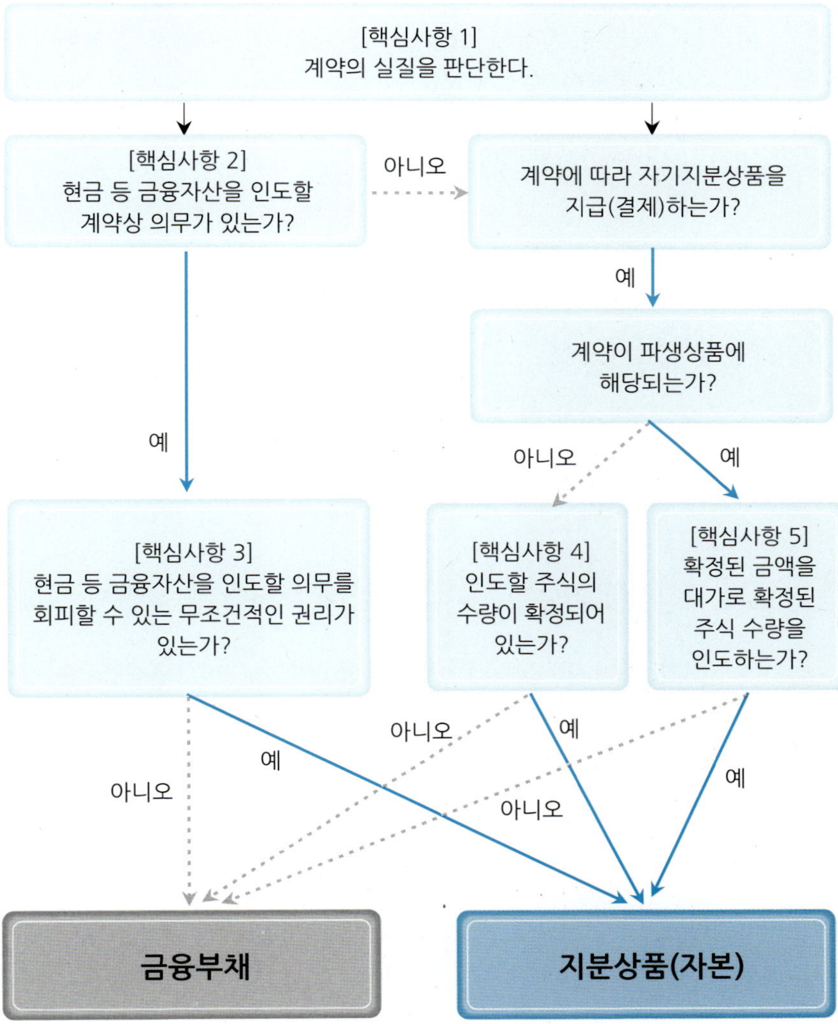

02.1 금융부채와 지분상품의 정의

금융상품의 발행자는 계약의 실질과 금융부채, 지분상품의 정의에 따라 최초 인식 시점에 금융상품을 부채나 자본으로 분류해야 한다. 우선, 발행하는 금융상품이 금융부채인지 자본인지 판단하기 위해서는 기준서에서 이들을 어떻게 정의하고 있는지 그 정의를 먼저 살펴보는 것이 필요하다.

금융부채의 정의[2]는 다음과 같다.

(1) 다음 중 하나에 해당하는 계약상 의무

- 거래상대방에게 현금 등 금융자산을 인도하기로 한 계약상 의무
- 잠재적으로 불리한 조건으로 거래상대방과 금융자산이나 금융부채를 교환하기로 한 계약상 의무

(2) 자기지분상품으로 결제되는 다음 중 하나의 계약

- 인도할 자기지분상품의 수량이 변동가능한 비파생상품
- 확정 수량의 자기지분상품에 대하여 확정 금액의 현금 등 금융자산을 교환하여 결제하는 방법이 아닌 방법으로 결제되거나 결제될 수 있는 파생상품

여기서 자기지분상품이란 기업이 보유하고 있는 자기주식뿐만 아니라 결제를 위해 신규로 발행하는 주식, 이미 발행한 주식을 포함한 기업 자체의 주식으로 보통주, 우선주 등이 모두 포함된다.

지분상품(자본)의 정의는 다음과 같다.

- 기업의 자산에서 모든 부채를 차감한 후의 잔여지분을 나타내는 모든 계약

---

2) 일부 조건을 충족하는 풋가능금융상품 등은 금융부채의 정의를 충족하나 예외적으로 지분상품으로 분류한다. 이 주제에 한정하여 설명하기 위해 금융부채의 예외에 대한 상세한 설명은 포함하지 않았다.

따라서 금융상품의 발행자 입장에서 금융상품은 금융부채의 정의를 충족하지 못하면 자본으로 분류되므로, 다음의 조건을 모두 충족하는 경우에만 자본으로 분류된다.

① 현금 등 금융자산을 인도하기로 한 계약상 의무나 잠재적으로 불리한 조건으로 거래상대방과 금융자산이나 금융부채를 교환하기로 한 계약상 의무가 없다.
② 자기지분상품으로 결제되는 다음 중 하나의 계약
  ㉠ 변동가능한 수량의 자기지분상품을 인도할 계약상 의무가 없는 비파생상품
  ㉡ 확정 수량의 자기지분상품에 대하여 확정 금액의 현금 등 금융자산의 교환을 통해서만 결제될 파생상품

기준서에서 기술하고 있는 정의만 읽어서는 그 의미를 쉽게 이해하기 어려울 것으로 생각된다. 발행자가 발행하는 금융상품이 부채인지 자본인지를 판단하기 위해 고려할 사항을 핵심사항별로 살펴보기로 한다.

핵심사항 ❶ 계약의 실질을 파악한다.

발행자는 금융상품의 계약의 실질에 따라 부채에 해당하는지 자본에 해당하는지를 판단한다. 따라서 금융상품의 분류에 있어서 가장 중요한 부분은 계약에서 정하고 있는 계약의 내용, 조건에 따른 권리와 의무를 이해하는 것이다.

여기서 계약이란, 일반적으로 법적 구속력이 있어 당사자가 경제적 결과를 자의적으로 회피할 여지가 적은 둘 이상의 당사자 사이의 합의를 말한다. 계약은 다양한 형태로 존재할 수 있으며, 반드시 서류로 작성되어야 하는 것은 아니다.

계약상의 권리와 의무는 '계약의 실질'을 고려하여 판단한다. 여기서 중요한 핵심사항은 '실질'은 계약의 조건 속에서 고려해야 하며,

계약에서 정하지 않은 상황이나 조건은 고려하지 않는다는 것이다. 경제적 강제(economic compulsion),[3] 과거 관행, 경영진의 의도, 보유자의 기대, 계약을 이행할 능력 등은 금융부채와 자본을 구분하는 결정요소가 아니다.

예 1-1

기업이 발행자의 선택에 따라 배당금을 지급하는 조건의 우선주를 발행하였다. 지급할 경우 연 액면 5%의 배당금을 지급하며, 지급하지 않을 경우 그 다음 지급하는 시점에는 연 2%의 배당금을 가산하여 지급하는 조건의 계약을 체결하였다. 이 계약에서는 배당금을 지급할 의무를 정하고 있지 않다. 다만 지급하지 않을 경우 배당금이 가산되는 조건이므로 발행 기업이 배당금을 지급하도록 하는 경제적 강제가 있다. 그러나 경제적 강제 그 자체는 계약에서 정한 조건이 아니므로 계약의 실질을 볼 때 고려하지 않는다.

예 1-2

기업이 우선주를 발행하면서 발행자의 선택에 따라 액면 5% 배당금을 지급할 수 있도록 하였으며, 기업은 과거에 발행한 우선주에 대해서 5%의 배당금을 해마다 지급해 왔기 때문에 투자자들은 배당금을 지급할 것이라는 기대를 할 수 있다. 투자자들이 배당금을 받을 것이라는 기대를 하고 있다고 하더라도 배당금의 지급의무를 계약에서 정하지 않았다면 계약에서 정한 요소가 아니므로 금융상품의 분류를 결정할 때에는 고려하지 않아야 한다.

계약에 명시된 조건일지라도 해당하는 계약 조건의 실질이 결여되어 있다면 이는 금융상품의 분류를 결정할 때 고려하지 않는다. 계약 조건이 실질적인지를 판단하기 위해서는 그 조건이 포함된 사실상 경제적이나 사업상의 이유를 이해하고 해당 조건이 계약에 포함되지 않더라도 발행되는 금융상품이 동일한 가격으로 발행되는 것인지 등 사실과 상황에 따른 모든 요소를 고려해야 할 것이다.

---

3) 참고로 2013년 7월 IASB가 발표한 토론서('DP') '재무보고를 위한 개념체계 검토'에서는 '경제적 강제(economic compulsion)'는 그 자체가 계약상 의무는 아니지만 계약에 포함된 조건으로 경제적 강제가 있는 경우 계약상 의무의 실질을 평가하는 데 고려되어야 한다는 논점을 포함하고 있다(DP 3.103~3.108). 따라서 이 논점에 대한 논의가 어떻게 전개되는지를 주의 깊게 살펴볼 필요가 있다.

02.2 현금 등 금융자산을 인도할 의무가 있는 계약

핵심사항 ❷ 현금 등 금융자산을 인도할 계약상 의무가 있는지 검토한다.

금융부채와 자본을 구분하는 가장 중요한 특성 중의 하나는 현금 등 금융자산을 인도할 계약상 의무가 존재하는지이다. 이 정의에서 아래 세 가지 사안을 눈여겨보아야 한다.

(1) 의무는 계약에 의해서 발생하는가?

계약에 의하지 않은 부채는 금융부채에 해당하지 않는다. 현금 등 금융자산을 인도해야 할 의무가 있더라도 그 의무가 계약에서 발생한 것이 아니라면 금융부채가 아니다. 정부가 부과하는 법적인 요구사항에 따라 발생하는 법인세는 현금 등 금융자산을 납부해야 할 의무가 있으나 계약에 의한 것이 아니므로, 금융부채의 범위에 포함되지 않는다. 또한, 의제의무도 계약에서 정한 것이 아니므로, 금융부채에 포함하지 않는다.

(2) 인도할 대상이 현금 등 금융자산인가?

금융부채는 현금 등 금융자산을 인도할 의무가 있어야 한다. 금융자산이 아닌 것을 인도할 의무는 금융부채에 해당하지 않는다. 따라서 선수수익이나 품질보증의무는 기업이 금융자산을 지급할 의무가 아니라 재화나 용역을 인도해야 할 의무이므로 금융부채에 해당하지 않는다.

계약에서 발행 기업이 현금 등 금융자산을 인도하지 못할 경우 비금융상품(예 : 부동산)을 인도하도록 조건을 두어 현금 등 금융자산의 인도를 피할 수 있는 경우가 있다. 그렇다 하더라도, 이러한 경우는 금융부채이다.

또는 기업이 금융상품을 결제할 시점에 현금 등 금융자산을 인도하거나 현금 등의 가치를 실질적으로 초과하는 가치로 결정된 기업 자신의 주식을 인도해야 하는 경우에도 현금 등 금융자산을 인도할 의무를 부담한다. 이러한 계약은 보유자 입장에서 최소한 현금으로 결제할 가치와 동일한 금액 이상을 받을 수 있는 실질적인 보증을 제공받고 있는 것이므로 현금 등 금융자산을 인도할 의무이다.

(3) 의무가 존재하는가?

의무는 현금 등 금융자산을 인도할 의무를 회피할 수 있는 무조건적인 권리가 없다면 존재한다.

예 2-1

기업이 1,000원의 액면금액에 대하여 연 8%의 이자를 영구적으로 지급하기로 하지만, 원금은 상환하지 않는 조건의 영구채를 발행한 경우 발행자는 1,000원의 공정가치에 해당하는 현금을 지급할 의무를 부담하는 것이다. 이자에 해당하는 현금지급의무를 통해 의무를 부담하는 것이므로 원금의 상환의무가 없다고 해서 의무가 없는 것으로 판단해서는 안 된다.

발행자가 현금 등 금융자산을 인도할 능력에 제약이 있더라도 이러한 제약은 의무의 존재에 영향을 미치지 않는다. 예를 들어, 외화의 지급이 곤란하거나 현금 등을 지급하는 데 감독기구의 지급 승인이 필요한 경우라도 발행자의 계약상 의무에 영향을 미치지 않는다.

거래상대방이 상환을 요구할 수 있는 권리가 있는 금융상품은 발행자 입장에서 현금 등 금융자산의 인도를 회피할 수 없기 때문에 금융부채에 해당한다. 이러한 경우, 거래상대방의 상환을 요청할 의도, 가능성, 상황 등은 의무가 있는지를 판단할 때 고려할 요소가 아니다.

예 2-2

기업이 보유자가 10년 이후부터 언제든지 상환을 요청할 수 있는 상환우선주를 발행한 경우, 발행 기업은 보유자가 상환을 요구할 경우 현금으로 지급할 의무가 있으므로 금융부채로 분류한다.

이러한 의무는 미래에 특정 상황이 발생하거나 발생하지 않는 등 조건부로도 발생할 수 있다. 발행자와 보유자 모두 통제할 수 없는 불확실한 미래 사건, 상황의 결과로 의무의 부담 여부가 결정(이하 '조건부 결제')된다고 하더라도 의무는 존재하는 것이다. 이때 유의할 사항은 최초 발행 시점에 의무가 존재하는지를 판단할 때, 현금 등 금융자산을 인도할 가능성이 작은지 큰지는 고려하지 않는다는 것이다. 계약에서 정한 조건에 따라 현금으로 결제될 가능성이 매우 작다고 판단하더라도, 발행자는 현금 등 금융자산을 인도할 의무를 회피할 수 없으므로 계약상 의무가 존재하는 것이다.

발행자와 보유자가 통제할 수 없는 불확실한 미래 사건이나 상황에 해당하는 조건의 예는 다음과 같다.

- 주가지수나 소비자물가지수의 변동
- 이자율 또는 환율의 변동
- 세율 또는 기타 감독규정의 변경
- 매출액, 당기순이익, 부채비율 등 발행자의 주요 성과지표의 변동

다만, 현금 등 금융자산을 인도해야 할 조건부 결제조항이 실질적으로 유효하지 않다면 이는 의무로서 고려하지 않는다. 실질적으로 유효하지 않은 경우란, 지극히 드물고 예외적이며 가능성이 매우 낮은 사건이 발생하는 경우를 의미한다.

발행자가 청산되는 경우에만 현금 등 금융자산을 인도해야 하는 조건부 결제조항은 의무가 아니다. 이는 계속기업의 가정과 상충된다. 또한, 청산할 때 다른 지분에 우선하여 배분을 받을 수 있는 조건이 있다 하더라도, 이는 청산 시 우선권을 갖는 지분상품(예 : 우선주)과 유사하므로 금융상품 분류에 영향을 미치지 않는다.

예 2-3

기업은 만기가 없는 영구채를 발행하였으며, 발행계약상 기업공개('IPO')에 성공하기 전에는 발행자의 재량으로 지급 여부를 결정할 수 있으나, IPO에 성공하지 못하면 발행자는 누적된 미지급이자와 원금을 상환해야 한다. 기업이 IPO의 성공 가능성이 매우 크다고 예상하더라도, 이 금융상품은 금융부채로 분류한다. IPO의 성공 여부는 발행자가 통제할 수 없으며, 이러한 발행자가 통제할 수 없는 조건부 결제조항은 현금을 지급할 의무에 해당한다. IPO의 성공 가능성은 금융상품을 분류하는 데 고려하지 않는다.

02.3 발행자의 선택이나 의사결정으로 현금 등 금융자산을 인도하는 계약

핵심사항 ❸ **현금 등 금융자산을 인도할 의무를 회피할 수 있는 무조건적인 계약상 권리가 있는지 검토한다.**

계약에서 발행자는 자신의 선택에 따라 현금 등 금융자산의 인도 여부를 결정할 권리를 갖게 되는 경우가 있다. 자기지분상품으로 결제할 의무가 없으면서 현금 등 금융자산을 인도할 의무를 무조건적으로 회피할 수 있는 권리가 있다면 이는 자본으로 분류한다.

예 3-1

기업이 원금 10억 원, 이자율 5%, 만기 10년의 조건으로 회사채를 발행하였으며, 계약조항에 따라 이자와 원금의 지급시기를 계속해서 연기할 수 있는 무조건적인 권리를 발행 기업이 갖는다면 자본으로 분류한다. 왜냐하면, 발행 기업은 지급시기를 연장할 수 있는 권리를 행사하여 원리금에 대한 현금 상환의무를 회피할 수 있기 때문이다.

발행자의 선택이나 의사결정으로 현금 등 금융자산을 인도할 수 있는지를 판단할 때, 이러한 의사결정을 기업의 주주총회에서 정하는 경우가 있다. 그렇게 되면 주주총회에서의 의사결정을 발행자의 선택이나 의사결정으로 볼 수 있을지가 부채와 자본의 구분에 매우 중요한 판단 요소가 된다. 이에 대해 2010년 1월 IFRS 해석위원회는 이 이슈를 논의하였으나 나라마다 다를 수 있어 최종 결론을 유보하였다.

일반적으로 주주총회의 의사결정이 통상적인 의사결정 과정으로 진행된다면 기업 조직의 의사결정으로 보아 '기업의 의사결정'으로 판단하고 있다. 그러나 특정 사안에 대해서 주주총회의 의사결정이 통상적인 의사결정 과정을 따르지 않는다면(예 : 특정 지분상품을 보유한 주주만 의사결정에 참여하도록 약정) 특정 지분상품의 보유자로서 의사결정을 하는 것은 아닌지, 즉 기업과 독립적인 제3자로서 의사결정을 하는 것은 아닌지 검토해야 할 것이다.

02.4 자기지분상품으로 결제하는 계약

자기지분상품을 발행하거나 인도하기로 하는 계약이 모두 자본에 해당하는 것은 아니다. 이러한 유형의 계약에서 부채와 자본의 구분은 인도할 자기지분상품의 주식 수가 확정 수량인지 그 대가로 받을 현금 등 금융자산이 확정된 금액인지에 따라 결정된다. 인도할 주식의 수량과 대가로 받을 금액 중 하나라도 확정되어 있지 않은 계약은 잔여지분의 권리를 나타내지 못하므로 금융부채로 분류한다.

핵심사항 ❹ 비파생계약에서 인도할 주식의 수량이 확정되었는지 검토한다.

비파생상품(예 : 차입금)을 결제하기 위해 인도할 자기지분상품의 수량이 확정되어 있다면 이를 자본으로 분류하며, 비파생상품(예 : 차입금)을 결제하기 위해 인도할 자기지분상품의 수량이 변동할 수 있다면 이를 금융부채로 분류한다.

예 4-1

액면 100억 원의 사채에 대해 현금 상환 대신 100만 주의 자기지분상품을 발행하기로 계약했다면 발행할 주식 수가 확정되었으므로 자본으로 분류한다. 발행할 주식 수가 확정된 경우, 금융상품의 보유자 관점에서 그 금융상품의 가치 등락에 따른 효익과 위험을 발행 기업의 주주와 동일하게 갖기 때문에 잔여지분의 권리를 나타낸다.

예 4-2

액면 100억 원의 사채에 대해 만기 시점의 100억 원에 상당하는 자기지분상품을 발행하기로 계약한 경우는 금융부채로 분류한다. 만기 시점의 주가가 2만 원이면 발행할 주식 수는 50만 주가 되며, 주가가 1만 원이면 발행할 주식 수는 100만 주로 변동한다. 해당 금융상품의 보유자 관점에서 보면 주가가 2만 원에서 1만 원으로 하락하였지만, 향후 보유하게 될 주식 수가 2배로 증가하므로 주식가치의 변동에 따른 위험을 부담하지 않는 반면 기업의 주식 보유자는 주식의 가치가 2만 원에서 1만 원으로 하락한 경우 그 손실을 그대로 부담하게 된다. 따라서 향후 발행할 주식 수가 변동하는 경우에는 발행 기업의 주주와 동일한 위험과 효익을 갖지 않기 때문에 잔여지분의 권리를 나타내지 못한다.

핵심사항 ❺ **파생계약에서 확정된 금액을 대가로 확정된 주식 수량을 인도하는지 검토한다.**

자기지분상품을 인도하기로 하는 파생계약에서는 인도할 주식 수량이 확정되어야 하고, 주식을 인도한 대가로 받을 현금 등 금융자산의 금액이 확정된 경우에만 자본으로 분류한다. 인도할 주식의 수량이나 그 대가로 받을 금액 중 하나라도 변동하는 경우에는 금융부채로 분류한다.

예 5-1

A사는 발행일로부터 1년이 되는 시점 이후에 보유자의 선택에 따라 A사의 보통주로 전환가능한 5년 만기 전환사채 100억 원을 발행하였다. 전환가격은 전환요청 시점의 보통주 주가의 130%와 30,000원 중 적은 금액으로 결정된다. 이 전환사채에 포함된 전환권은 자기지분상품을 인도해야 하는 계약요소이다. 이 경우 교환할 금융상품의 금액은 100억 원으로 확정되어 있으나, 전환가격의 변동으로 발행할 주식 수가 변동한다. 따라서 전환권은 금융부채로 분류한다.

다만, 주식분할, 주식배당, 무상증자 등과 같이 희석화 방지 조항(anti-dilution clause)으로 전환비율이 조정되는 경우에는 주주와 채권자 사이의 상대적 권리가 그대로 유지되며, 전환권 보유자는 다른 주주와 마찬가지로 기업의 잔여지분의 가치 등락에 따른 이익이나 손실을 동일하게 가지기 때문에 발행할 주식의 수량이 변동되는 것으로 보지 않는다.

02.5 결제방법을 선택할 수 있는 파생계약

핵심사항 ❻ 파생계약에서 결제방법을 선택할 수 있을 때 어떤 경우에도 자본의 조건을 충족하는지 검토한다.

어떤 파생상품 계약에서는 발행자나 보유자가 계약을 결제하는 방법을 선택하게 할 수 있다. 여러 가지 결제방법(예 : 현금차액 결제, 자기지분상품 결제) 중 발행자나 보유자가 결제방법을 선택할 수 있는 파생상품은 금융부채이다. 결제방법의 선택에서 과거의 결제 관행, 경영진의 의도는 금융상품의 분류를 결정하는 데 고려요소가 아니다. 단, 어떤 결제방법을 선택하더라도 모든 경우에 지분상품이 되는 경우에는 지분상품으로 분류한다.

예 6-1

기업은 100주를 현금 100원에 매입할 수 있는 신주인수권을 현금 10원에 발행하였다. 이 신주인수권의 보유자는 권리행사 시 신주 100주를 수령하거나 행사 시점의 100주의 공정가치와 현금 100원의 차이의 현금결제를 선택할 수 있는 권리가 있다. 해당 신주인수권은 차액의 현금을 결제할 의무가 포함되어 있으므로 금융부채로 분류된다.

02.6 자기지분상품을 매입할 의무가 있는 계약

핵심사항 ❼ 자기지분상품을 매입할 의무가 있는지 검토한다.

금융자산을 지급하여 자기지분상품을 매입할 의무가 포함된 계약은 금융부채이다. 현금으로 자기지분상품을 매입할 의무는 상환금액의 현재가치에 해당하는 금액으로 금융부채를 인식한다. 자기지분상품을 매입하기로 하는 매입선도계약, 풋옵션계약은 상환금액(매입선도계약이나 옵션계약의 행사가격 등)의 현재가치에 해당하는 금액으로 금융부채를 인식한다.

자기지분을 매입할 의무가 조건부로 발생하는 경우에도 금융부채에 해당한다. 상대방이 매입요구 권리를 행사하는 경우에 자기지분상품을 매입해야 하는 경우라도 금융부채로 분류된다. 이 경우 조건이 충족될 가능성이나 상대방의 행사의도, 능력 등은 고려대상이 되지 않는다.

예 7-1

기업은 우선주를 발행하면서 2년 이내에 당기순이익 목표를 달성하지 못할 경우 일정 금액으로 해당 우선주의 매입을 투자자가 청구할 수 있는 풋옵션을 함께 발행하였다. 기업은 당기순이익 목표를 달성할 가능성이 매우 클 것으로 예상한다. 이 경우, 풋옵션 행사가격의 현재가치에 해당하는 금액을 금융부채로 인식한다. 풋옵션의 행사 가능성은 분류에 영향을 미치지 않는다.

연결재무제표 관점에서 볼 때, 종속기업의 주식은 연결기업의 자기지분상품에 해당한다. 연결실체 내 기업(예 : 지배기업)이 다른 연결실체(예 : 종속기업)의 주식을 매입하기로 한 계약은 자기지분상품 매입의무에 해당한다. 따라서 지배기업이 작성하는 연결재무제표에서 이러한 계약은 금융부채로 분류한다.

02.7 요점 노트

금융상품의 분류 시 검토할 사항을 요약하면 다음과 같다.

- 금융상품의 분류는 법적 형식이 아닌 계약에서 정한 실질에 따라 판단한다. 원금, 만기, 이자가 명시되었다고 해서 반드시 금융부채로 분류하는 것은 아니다.
- '실질'은 계약상 조건으로 판단한다. 계약에서 정하지 않은 조건

은 금융상품의 분류에 고려하지 않는다.

- 원금 및 이자의 지급을 압박하는 경제적 강제(이자율 상향조건이나 보통주 배당금지조건)는 계약에서 정한 의무가 아니다.
- 발행자가 청산 시점에만 현금 등 금융자산을 지급해야 할 의무를 부담한다면 이는 계약상 의무가 아니다.
- 발행자가 청산하는 시점에 상대적으로 다른 자본에 우선하여 지급해야 하는 조건은 부채 및 자본의 분류에 영향을 미치지 않는다.
- 원금 및 이자의 지급을 영구적으로 연기할 권리가 있다면 계약상 현금 등 금융자산을 인도할 의무가 없는 것이다.
- 확정 수량의 자기지분상품으로 결제하는 비파생상품은 지분상품이다.
- 확정 금액의 현금 등 금융자산을 대가로 확정 수량의 주식을 발행하기로 하는 파생계약은 지분상품이며, 금액과 수량 중 하나라도 변동하는 경우에는 금융부채로 분류한다.
- 기업이 ① 현금 등 금융자산과, ② 자기지분상품으로 결제를 선택할 수 있는 경우에는 결제할 자기지분상품의 가치가 현금 등 금융자산의 가치를 상당히 초과한다면, 금융부채로 분류한다.
- 자기지분을 매입할 의무가 있다면 행사가격의 현재가치는 금융부채로 인식한다.

03 발행자의 신종자본증권 사례

위에서는 부채와 자본 분류와 관련되는 기준서의 내용을 살펴보았다. 기업이 발행하는 금융상품 중에는 자본과 부채의 특성을 모두 가지고 있는 복잡한 형태가 있다. 이 장에서는 이러한 복잡한 형태의 금융상품 중 신종자본증권의 사례에 대해 부채와 자본 분류기준을 어떻게 적용하는지를 살펴보고자 한다.

포함된 사례 2는 국내 기업이 발행한 신종자본증권의 분류에 대해 한국회계기준원이 질의를 받은 내용이다. 이 신종자본증권은 자본의 특성과 부채의 특성을 함께 갖추고 있어서 이를 발행한 기업이 해당 증권을 어떻게 분류해야 할지에 대하여 국내에서 많은 논의가 있었다. 한국회계기준원은 이에 대해 IFRS 해석위원회에 의견을 구하였고 그 답변에 기초하여 해당 신종자본증권은 지분상품으로 분류한다고 회신하였다.[4] 사례 2에 설명된 신종자본증권의 계약 내용은 사례 목적으로 일부 수정하였다.

03.1 사례 1 : 지배기업의 보증이 포함된 신종자본증권

회계문제

종속기업 S사는 투자자에게 다음 구조의 금융상품을 발행하였다.

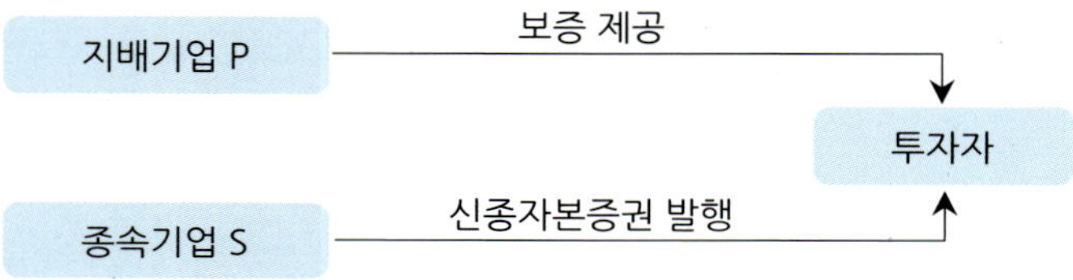

발행된 신종자본증권의 조건은 다음과 같다.
원금 200억 원의 만기가 30년 후에 도래하지만, 발행자는 매 30년 단위로 횟수 제한 없이 만기를 연장할 수 있는 옵션을 가진다. 이자율 조건은 발행 후 5년간은 연 6%이고 그 이후부터는 연 9%이며, 이자 지급일마다 이자 지급을 계속 연기할 수 있다. 단, 주주에게 배당금을 지급하는 경우에는 이자 지급을 연기할 수 없다. 또한, 이자 지급을 연기하는 경우에는 주주에게 배당금을 지급할 수 없다.
발행자는 발행 후 5년부터는 이자 지급일마다 원금과 누적이자를 상환할 수 있는 콜옵션을 가진다. 또 조세 및 회계적 원인이 발생하는 경우에는 발행자가 조기상환할 수도 있다.
발행자가 청산되는 경우에는 투자자는 다른 보통주보다 우선하는 선순위(무담보채무와 같은 순위)를 가진다.
종속기업 S사가 만기연장을 하지 않거나 이자 지급을 연기하지 않아 지급의무를 부담하는 미지급금에 대해 지배기업이 보증을 제공한다.

4) 회신내용은 2013년 9월 30일자 한국회계기준원 보도자료에서 확인할 수 있다.

발행자(종속기업 S사)와 보증제공자(지배기업 P사)는 이 금융상품을 어떻게 분류(금융부채나 자본)하여야 하는가? 그리고 그러한 분류의 판단 근거는 무엇인가?

결론

(1) 발행자(종속기업 S사)는 원금과 이자를 지급할 의무를 회피할 수 있는 무조건적인 권리가 있으므로 이 금융상품을 자본으로 분류한다.

(2) 보증제공자(지배기업 P사)는 피보증인(종속기업 S사)이 보증대상인 원리금지급의무를 회피할 수 있으므로 해당 보증의무도 금융부채로 분류하지 않으며, 발행자(종속기업 S사)의 해당 지분상품은 연결재무제표에서 자본(비지배지분)으로 분류한다.

판단 근거

(1) 발행자(종속기업 S사)의 재무제표상 분류

핵심사항 ❶ 계약의 실질을 파악한다.

이 회계문제를 풀기 위해서는 발행한 금융상품의 계약 조건을 이해하는 것이 필요하다. 위에서 언급된 발행조건과 다른 조건이 포함된 또 다른 신종자본증권의 분류를 검토하는 경우에는 이 사례에서 검토된 사항에 추가하여 더 검토할 쟁점이 있을 수도 있기 때문이다.

핵심사항 ❷❸ 현금 등 금융자산을 인도할 의무가 있는지 살펴보고, 이러한 의무를 회피할 수 있는 무조건적인 권리가 있는지 검토한다.

신종자본증권의 원금과 이자 지급에 대한 조건별로 핵심사항에 대해 검토해 보기로 한다. 현금 등 상환의무가 있는지와 그러한 상환의무를 회피할 수 있는지는 조건별로 밀접하게 연관되어 있으므로, 각각 검토하기보다는 함께 검토하도록 한다.

■ 원금 지급 조건

① **원금의 명시** : 계약상으로 지급할 의무인 원금이 명시되어 있지만 그 자체가 곧바로 금융부채로 분류해야 하는 계약상 의무에 해당하지 않을 수 있으며, 그 지급을 회피할 수 있는 권리를 발행자가 갖는지에 대한 검토가 필요하다.

② **발행자 만기 연장옵션** : 만기가 있으나, 발행자는 횟수 제한 없이 재량에 따라 영구적으로 연장할 수 있으므로, 발행자는 만기에 원금 지급의무를 회피할 수 있는 무조건적인 권리를 갖고 있다. 발행자는 원금의 지급을 영구적으로 연기할 수 있는 무조건적인 권리를 갖고 있지만 청산하는 시점에는 지급해야 하는 의무가 있기는 하다. 그러나 발행자가 청산하는 시점에 현금 등 금융자산을 지급해야 하는 의무는 금융상품 분류에 영향을 미치지 않는다.

③ **발행자 콜옵션** : 특정 시점에 상환할 수 있는 발행자의 권리는 현금 등을 지급할 의무는 아니므로 발행자의 콜옵션은 계약상 의무에 해당하지 않는다.

④ **발행자 조건부 상환옵션** : 불확실한 미래 사건의 발생 시 조기 상환할 수 있는 발행자의 권리는 현금 등을 지급할 의무는 아니므로 발행자의 조건부 상환옵션은 계약상 의무에 해당하지 않는다.

⑤ **청산 시 원금 지급 순위** : 청산 시 원금의 지급 순위는 금융부채와 지분상품의 분류에 영향을 미치지 않으므로, 해당 조건은 부채와 자본 분류에 고려하지 않는다.

■ 이자 지급 조건

⑥ **이자율 상향 조건** : 이자율이 명시되어 있지만 그 자체가 곧바로 금융부채로 분류해야 하는 계약상 의무에 해당하지 않을 수 있으며, 그 지급을 회피할 수 있는 권리를 발행자가 갖는지에

대한 검토가 필요하다. 이자율 상향 조건은 경우에 따라서는 발행자가 조기에 상환하지 않으면 경제적으로 매우 불리하게 될 것으로 보이는 경제적 강제가 된다. 그러나 이러한 경제적 강제에 따라 상환할 가능성이 있을지라도 계약에서 정한 상환의무가 아니므로 그 자체로는 금융부채로 결론을 내리지 않는다.

⑦ **발행자의 이자 지급 연기 옵션** : 이자 지급 조건이 있으나, 발행자는 재량에 따라 영구적으로 이자 지급을 연장할 수 있으므로, 발행자는 이자 지급 기일에 이자 지급의무를 회피할 수 있는 무조건적인 권리를 갖고 있다. 발행자는 이자 지급을 영구적으로 연기할 수 있는 무조건적인 권리를 갖고 있지만 청산하는 시점에는 지급해야 하는 의무가 있기는 하다. 그러나 발행자가 청산하는 시점에 현금 등 금융자산을 지급해야 하는 의무는 금융상품 분류에 영향을 미치지 않는다.

⑧ **배당에 의한 이자 지급 강제**(Dividend pusher) : 주주에게 배당을 할 경우에는 더는 이자 지급을 연기할 수 없게 되므로, '배당 의사결정'이 발행자의 재량이라고 볼 것인지를 검토해야 한다. '배당 의사결정'은 주주총회에서 이루어지므로 주주총회가 기업의 일부인지에 대해 논란이 있을 수 있으나, 주주총회의 의사결정은 기업과 독립적인 제3자의 의사결정이 아니라 기업의 조직상 의사결정에 해당하므로 발행자의 재량이라고 볼 수 있다. 따라서 발행자는 재량으로 배당을 하지 않는 의사결정을 함으로써 이자 지급을 연기할 수 있는 무조건적인 권리를 가진다고 결론 내릴 수 있다.

⑨ **이자 지급 연기에 의한 배당 제한**(Dividend stopper) : 이자 지급을 연기할 경우 주주에 대한 배당도 제한되는 조건 때문에 발행자가 주주에게 배당하기 위해서는 이자를 지급할 수밖에 없는 상황이 있을 수 있다. 그러나 이러한 경제적 강제에 의한 이자 지급은 계약에서 정한 의무가 아니다.

(2) 지배기업의 연결재무제표상 분류

⑩ **지배기업의 보증** : 피보증인인 발행자(종속기업 S)가 보증대상 원리금의 지급을 연기할 수 있는 재량권으로 지급의무를 회피

할 수 있으므로 그에 대한 보증의무도 금융부채에 해당하지 않는다.

03.2 사례 2 : 신종자본증권, SPC의 대출약정, 주식교부청구권

회계문제

발행자는 투자자와의 계약으로 신종자본증권을 발행하고 은행과 투자자와 대출약정, 주식교부청구권 약정을 체결하였다.

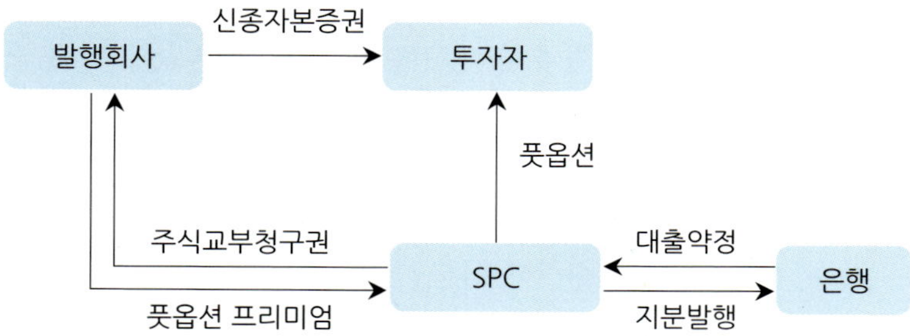

신종자본증권의 조건은 다음과 같으며, 사례 1의 조건과 동일하다.
원금 200억 원의 만기가 30년 후에 도래하지만, 발행자는 매 30년 단위로 횟수 제한 없이 만기를 연장할 수 있는 옵션을 가진다. 이자율 조건은 발행 후 5년간은 연 6%이고 그 이후부터는 연 9%이며, 매 이자 지급일마다 이자 지급을 계속 연기할 수 있다. 단, 주주에게 배당금을 지급하는 경우에는 이자 지급을 연기할 수 없다(이자 지급을 연기하는 경우에는 주주에게 배당금을 지급할 수 없다).
발행자는 발행 후 5년부터는 이자 지급일마다 원금과 누적이자를 상환할 수 있는 콜옵션을 가진다. 또 조세 및 회계적 원인이 발생하는 경우에는 발행자가 조기상환할 수도 있다.
발행자가 청산되는 경우에는 투자자는 다른 보통주보다 우선하는 선순위(무담보채무와 같은 순위)를 가진다.
종속기업 S사의 미지급 원리금에 대해 지배기업 P사가 지급보증을 제공한다.
투자자에게 신종자본증권을 발행하면서 SPC와 투자자는 풋옵션 계약을, SPC와 은행은 대출약정을, 발행자와 SPC는 주식교부청구권 계약을 체결하였으며, 상세 계약 조건은 다음과 같다.
발행자가 신종자본증권을 발행 후 5년 경과 시점에 중도상환하지 않을 때에는 투자자는 SPC에 이를 사 가도록 청구(풋옵션 행사)할 수 있고, 이때 SPC는 신종자본증권을 원금에 누적이자를 합한 금액으로 매입해야 한다. 투자자가 이 풋옵션을 취득할 때 그 매입 대가를 발행자가 대신 지급한다. 투자자가 풋옵션을 행사할 때 SPC가 투자자에게 지급하는 대금은 은행이 대출해 주기로 한다.
투자자의 풋옵션 행사로 SPC가 보유하게 되는 자산(신종자본증권, 주식교부청구권)에 대한 의사결정권은 은행이 가진다. SPC가 보유한 주식교부청구권은 투자자의 풋옵션 행사에 따라 SPC가 매입한 신종자본증권을 발행자에게 주고 그 대가로 확정 수량(신종자본증권 발행 시점의 주가 기준으로 원금에 상당하게 결정됨)의 발행자의 주식을 교부받을 수 있는 권리이다. 이 경우 발행자는 자기지분상품을 교부하는 대신에 신종자본증권의 원리금을 현금으로 상환할 수 있는 콜옵션을 가진다. 이 사례에서 SPC는 발행자의 종속기업이 아니다.

신종자본증권 발행자는 이 금융상품을 어떻게 분류(금융부채, 지분상품)하여야 하는가? 그리고 그러한 분류 판단의 근거는 무엇인가?

결론

발행자는 이 신종자본증권을 지분상품(자본)으로 분류한다. 그 이유는 발행자는 현금을 인도할 계약상 의무가 없으며, 변동가능한 수량의 자기지분상품을 인도해야 할 계약상 의무도 없기 때문이다.

판단 근거

핵심사항 ❶ 계약의 실질을 파악한다.

이 회계문제를 풀기 위해서는 발행한 신종자본증권의 계약 및 거래조건에 따라 금융부채 또는 지분상품의 정의를 충족하는지를 검토하여야 한다. 위에서 언급된 발행조건과 다른 조건이 식별된다면, 그러한 조건에 대한 추가적인 검토가 필요할 수도 있다.

핵심사항 ❷❸ **현금을 인도할 계약상 의무가 존재하는지 이를 회피할 수 있는 무조건적인 권리가 존재하는지 검토한다.**

신종자본증권의 원금과 이자 지급에 대한 조건별로 핵심사항에 대해 검토해 보기로 한다. 현금 등 상환의무가 있는지와 그러한 상환의무를 회피할 수 있는지는 조건별로 밀접하게 연관되어 있으므로, 각각 검토하기보다는 함께 검토하도록 한다. 다만, 사례 1의 신종자본증권에서 제시된 조건과 관련된 사항은 위에서 언급된 사례 1에 대한 검토(판단 근거)를 참조할 수 있으므로, 여기에서 다시 반복하여 기술하지 않는다.

① **신종자본증권의 발행조건 검토**: 사례 1에서 설명한 바와 같이 만기가 있으나, 발행자는 횟수 제한 없이 재량에 따라 영구적으로 연장할 수 있으므로 발행자는 만기에 원금 지급의무를 회피할 수 있는 무조건적인 권리를 갖고 있다. 발행자는 원금의 지급을 영구적으로 연기할 수 있는 무조건적인 권리를 갖고 있지만 청산하는 시점에는 지급해야 하는 의무가 있기는 하다. 그러나 발행자가 청산하는 시점에 현금 등 금융자산을 지급해야 하는 의무는 금융상품 분류에 영향을 미치지 않는다.

② **투자자의 풋옵션 검토**: SPC는 발행자의 종속기업이 아니므로 투자자의 풋옵션 행사에 따라 신종자본증권을 매입할 의무는 SPC의 의무이지 발행자의 계약상 의무가 아니다. 또 SPC가 발행한 풋옵션의 매입 대가(프리미엄)를 투자자 대신에 발행자가 지급해 준다고 해서 투자자의 풋옵션에 따른 의무가 발행자의 계약상 의무가 되는 것은 아니다. 만약 SPC가 발행자의 종속기업이라면 연결실체에 포함되는 SPC가 연결실체의 자기지분상품 매입의무를 부담하게 되므로, 이 경우에는 연결실체가 그 자기지분상품 매입의무를 금융부채로 분류해야 한다. 따라서 SPC의 연결 여부는 금융부채와 자본의 분류에 큰 영향을 미친다. 이 사례에서는 SPC가 매입하는 신종자본증권(풋옵션 행사 결과)과 보유하는 주식교부청구권에 대한 의사결정권은 SPC에 대출해 준 여러 은행이 가지므로 발행자가 SPC를 지배하지 못한

다고 판단할 수 있다. 구조화 기업인 SPC의 지배력 판단은 지분율뿐만 아니라, SPC의 이해관계자 사이의 약정, SPC의 관련 활동에 대한 의사결정 구조 등을 모두 고려해야 하기 때문에 SPC의 연결 여부에 대한 신중한 검토가 필요하다.[5)]

③ **SPC에 대한 대출약정 :** 이 대출약정은 SPC와 은행 간의 거래이고, 발행자는 SPC에 대한 은행의 대출에 어떠한 보증도 제공하지 않고 다른 약정도 없으므로, 이와 관련하여 발행자가 부담할 계약상 의무는 없다.

핵심사항 ❹ 변동할 수 있는 수량의 자기지분상품을 지급하는가?

④ **SPC의 주식교부청구권 :** SPC가 발행자에게 주식교부청구권을 행사하는 경우에, 발행자는 신종자본증권의 콜옵션을 행사하여 현금으로 상환하든지 확정 수량의 자기지분상품을 발행해 주면 된다. 발행자는 이 두 가지 결제방법 중 하나를 선택할 수 있다. 이 경우에 발행자의 콜옵션과 SPC의 주식교부청구권을 별도로 분리된 것으로 볼지, 함께 포함된 것으로 볼지에 따라 다음과 같은 두 가지 관점이 있을 수 있다.

관점 1 | 발행자의 콜옵션은 신종자본증권에 포함된 계약으로 보고, 주식교부청구권은 SPC와 별도로 체결한 조건으로 발행자 콜옵션과 주식교부청구권을 분리해서 본다.

발행자의 콜옵션은 주식교부청구권을 갖지 않은 투자자에 대해서도 행사할 수 있으므로, 콜옵션은 주식교부청구권과 별도로 분리해서 판단해야 한다. 이러한 관점에서 보면,

• 신종자본증권에 대한 결제는 SPC가 주식교부청구권을 행사하면

5) 지배력을 보유하는지는 기업회계기준서 제1110호 '연결재무제표'에 따라 판단한다. 해당 기준서에 따르면, 지배력의 세 가지 요소, 즉 ① 피투자자에 대한 힘, ② 피투자자의 변동이익에 대한 노출이나 권리, ③ 투자자의 이익금액에 영향을 미치기 위하여 피투자자에 대하여 자신의 힘을 사용하는 능력이 모두 충족되는 경우에만 지배력이 존재한다(K-IFRS 1110.7).

확정 수량의 자기지분상품을 교부함으로써 결제되므로 지분상품의 정의를 충족하며,

- 발행자의 콜옵션은 발행자가 선택할 수 있는 권리이지 계약상 의무가 아니다.

따라서 **관점** 1에 따르면 발행자는 지분상품(자본)으로 분류하여야 한다.

관점 2 | 별도로 체결된 계약에서 발행자의 콜옵션은 SPC가 주식교부청구권을 행사하면 선택할 수 있는 결제방법으로 본다. SPC가 풋옵션 의무 이행으로 신종자본증권의 보유자가 되면, 발행자는 ① 확정 수량의 자기지분상품을 교부하거나, ② 현금을 지급하는 두 가지의 결제방법 옵션을 갖게 된다. 이러한 관점에서 보면, 발행자가 그러한 계약 조건을 통해 간접적으로 상환의무를 부담하고 있는지를 검토할 필요가 있다.

기업회계기준서 제1032호에서는 계약상 의무를 명시적으로 정하지는 않더라도 계약 조건을 통해 간접적으로 의무를 설정한 경우는 금융부채인 것으로 규정하고 있다. 이에 따라 만약, 발행자가 교부해야 하는 확정 수량의 자기지분상품의 가치가 지급해야 할 현금 금액을 실질적으로 초과한다면 금융부채로 분류되어야 할 것이다. 그런데 이 사례에서는 해당 신종자본증권은 발행 시점의 원금을 기준으로 결정되었고, 발행자의 주가 변동성 등을 고려하여 위와 같이 실질적으로 초과하는 경우에 해당하지 않는다고 판단할 수 있다. 자기지분상품으로 결제할 가치가 현금상환액을 실질적으로 초과하는지는 금융상품을 최초로 분류하는 시점의 주가 이외에 주가의 변동성 등을 고려하여 합리적으로 발생가능한 모든 시나리오를 판단하여 결정해야 한다.

계약의 구체적 구성방식과 이에 대한 법률적 검토에 따라 어떤 관점이 더 타당한지에 대해 논란이 있을 수 있으나, 어떠한 관점에 따르더라도 발행자는 현금 등 금융자산을 인도할 계약상 의무가 없으며, 변동할 수 있는 수량의 자기지분상품으로 결제할 비파생계약에 해당하지 않으므로 지분상품의 정의를 충족한다.

Ⅲ 신종자본증권 투자자의 회계처리

01 이 주제의 중요성

우량 금융기관이 발행한 신종자본증권은 주식보다 위험이 낮지만 일반 채권보다 높은 투자수익을 기대할 수 있다. 때문에 저금리로 마땅한 투자처가 없는 기업에 신종자본증권은 매력적인 투자수단이다. 그러나 회계상 신종자본증권을 어떻게 분류(채무상품 또는 지분상품)하느냐에 따라 평가방법과 취득 후 보고금액이 달라질 수 있어 애초 투자 의도 및 결과가 재무제표에 제대로 반영되지 못할 수 있다. 특히 투자자가 금융기관인 경우에는 금융자산의 분류에 따라 규제 자본에 차이가 날 수 있으므로 신종자본증권을 어떻게 분류하는지는 매우 중요하다.

투자자 입장에서 신종자본증권을 어떻게 분류할 것인지는 크게 두 가지 관점이 존재한다. 그중 한 관점은, 전체 신종자본증권의 계약 조건에 따라 주계약을 분류하는 것이다. 전체 계약 조건을 고려하였을 때 지분상품의 정의를 충족한다면 신종자본증권의 주계약은 지분상품이라는 관점이다. 또 다른 관점은 신종자본증권에서 내재파생상품을 모두 식별한 후 나머지를 주계약으로 보아야 한다는 관점이다. 이 관점에 따른다면 신종자본증권의 주계약은 채무상품으로 분류된다.

그러나 이와 같은 관점에 따른 분류는 특정 신종자본증권에만 국한되며 모든 복합금융상품의 분류에 적용되는 것은 아니다. 즉 모든 복합금융상품의 주계약 분류 시 두 관점을 선택적으로 적용할 수 있는 것은 아니다.

이하에서는 각각의 관점에 따라 신종자본증권의 주계약을 분류하고 적절한 회계처리가 무엇인지를 설명한다.

02 개 관

신종자본증권은 지분상품 또는 채무상품에 내재파생상품이 포함된 복합상품으로서 주식과 회사채의 특성을 동시에 가지고 있다. 이러한 복합상품에 대하여 기업회계기준서 제1039호 '금융상품 : 인식과 측정'에서는 투자자가 해당 계약을 공정가치로 측정하고 그 변동을 당기손익으로 인식하는 항목(당기손익인식항목)으로 회계처리를 하지 않는다면 주계약과 내재파생상품으로 분리하여 회계처리를 할 것을 요구하고 있다. 따라서 내재파생상품을 포함하는 복합증권인 신종자본증권의 투자자는 주계약을 식별하고 분류할 필요가 있다. 이때 신종자본증권의 주계약이 지분상품인지 또는 채무상품인지를 분류하기 위해 기업은 **관점 1**이나 **관점 2**를 선택할 수 있다. **관점 1**을 따른다면 전체 신종자본증권의 계약 조건을 검토하고 전체 신종자본증권의 분류에 따라 주계약을 지분상품 또는 채무상품으로 분류한다. **관점 2**를 따른다면 신종자본증권에서 내재파생상품을 모두 식별한 후 나머지를 주계약으로 본다.[6] **관점 1** 또는 **관점 2**에 따라 주계약과 내재파생상품을 식별 후 내재파생상품이 분리요건을 충족하는지를 검토하고 분리요건을 충족하는 내재파생상품은 주계약과 분리하여 별도의 파생상품으로 회계처리를 한다. 이를 요약하면 다음의 그림과 같다. 각각의 구체적인 내용은 핵심사항에서 자세히 설명한다.

6) IFRS 해석위원회는 2006년 11월 발행자가 부채로 회계처리를 하는 풋가능금융상품을 투자자 입장에서 어떻게 회계처리를 해야 할지에 대한 질의를 받고 이를 다룬 바 있다. 이때 해석위원회는 금융상품의 발행자와 투자자가 반드시 대칭적으로 회계처리를 해야 하는 것은 아니라고 보았다. 또 당시 안건자료에서는 복합상품의 주계약을 내재파생상품을 모두 식별한 후 나머지로 보았다.

■ 신종자본증권 투자자 회계처리

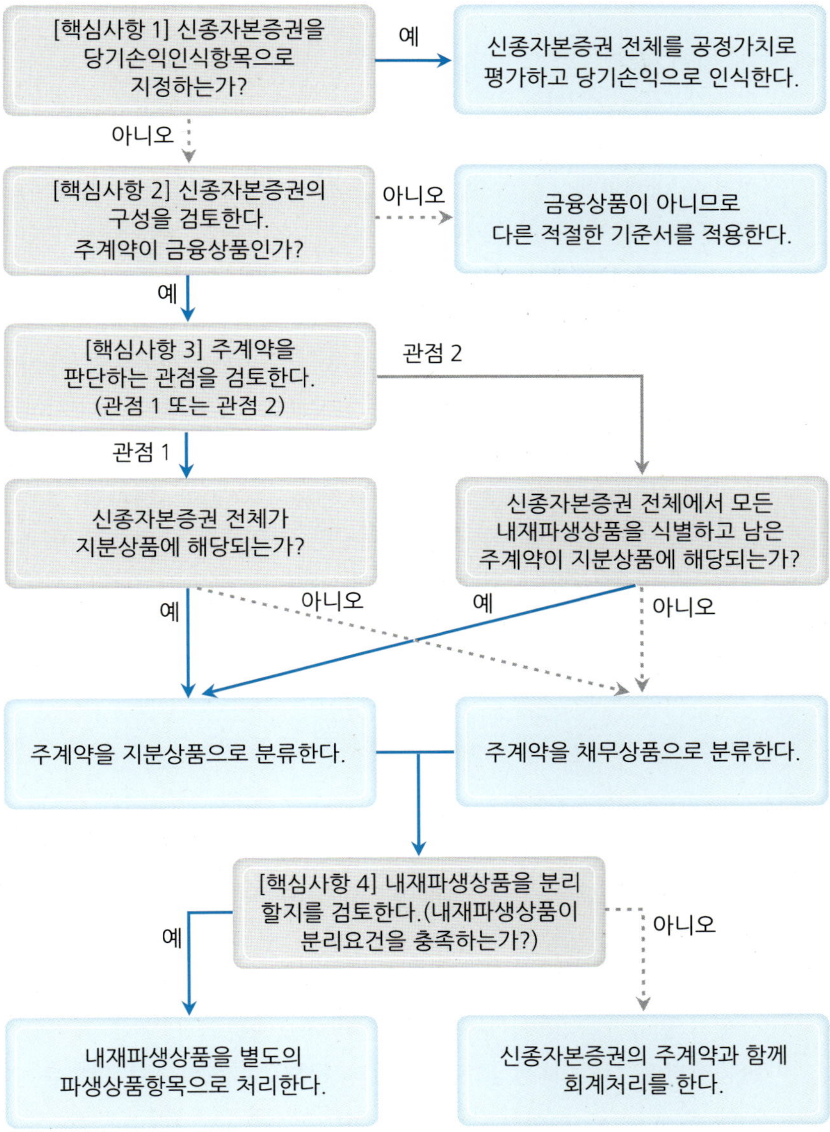

02.1 분류를 위한 핵심사항

핵심사항 ❶ 신종자본증권을 당기손익인식항목으로 지정하는가?

신종자본증권은 지분상품 또는 채무상품에 내재파생상품이 포함된 복합상품이다. 주식과 회사채의 특성을 동시에 가지고 있으며 하나 이상의 내재파생상품을 포함하고 있는 것이 회계상 특징이다. 이러한 복합상품에 대하여 기업회계기준서 제1039호 '금융상품 : 인식과 측정'에서는 원칙적으로 주계약과 내재파생상품으로 분리하여 회계처리를 하도록 요구하고 있다. 그러나 하나 이상의 내재파생상품을 포함하고 있는 경우에는 전체를 당기손익인식항목으로 지정할 수 있으며, 취득 시점이나 후속 재무보고 기간 말에 내재파생상품을 주계약과 분리하여 측정할 수 없다면 복합상품 전체를 당기손익인식항목으로 지정할 수 있도록 허용하고 있다. 따라서 신종자본증권을 당기손익인식항목으로 지정한 경우에는 주계약과 내재파생상품으로 분리하여 회계처리를 할 필요가 없으며 신종자본증권 전체를 공정가치로 측정하고 그 변동분은 당기손익으로 인식한다.

핵심사항 ❷ 신종자본증권의 구성을 검토한다. 주계약이 금융상품인가?

내재파생상품을 포함하는 복합상품의 예로는 전환사채와 같이 채무상품인 사채(주계약)를 지분상품으로 전환할 수 있는 권리(내재파생상품)가 결합하여 있는 상품을 들 수 있다. 내재파생상품은 파생상품이 아닌 주계약을 포함하는 복합상품의 구성요소로서 복합상품의 현금흐름 중 일부를 독립적인 파생상품의 경우와 유사하게 변동시킨다. 내재파생상품은 내재파생상품이 포함되지 않았을 경우에 발생할 현금흐름 전부나 일부를 이자율, 금융상품가격, 일반상품가격, 환율, 가격 또는 비율의 지수, 신용등급이나 신용지수나 그 밖의 변수에 따라 변경시킨다. 이때 해당 변수가 비금융변수(예 : 특정 지역의 지진손실지수, 특정 도시의 온도지수 등)인 경우에는 계약의 당사자에게 특정되지 않아야 한다.

다만 내재파생상품이 특정 금융상품에 부가되어 있다고 하더라도, 계약상 해당 금융상품과 독립적으로 양도할 수 있거나 해당 금융상품과는 다른 거래상대방이 있는 파생상품은 내재파생상품이 아니며, 별도의 금융상품이다.

주계약은 금융상품이나 비금융상품이 될 수 있으며, 금융상품인 경우에는 기업회계기준서 제1039호를 적용하고 비금융상품인 경우에는 다른 적절한 기준서(예 : 기업회계기준서 제1002호 '재고자산', 기업회계기준서 제1104호 '보험계약', 기업회계기준서 제1017호 '리스' 등)에 따라 회계처리를 한다.

핵심사항 ❸ 주계약을 판단하는 관점을 검토한다.

기준서 제1039호에서는 조건을 충족하는 내재파생상품을 주계약과 분리하여 회계처리를 할 것을 요구하고 있으나 주계약을 명확히 정의하고 있지는 않으며, 다만 어떠한 특성이 있는지만을 언급하고 있다. 따라서 복합상품의 주계약은 주계약을 판단하는 순서에 따라 다르게 판단될 수 있다.

신종자본증권은 두 가지 관점에 따라 주계약과 내재파생상품을 분리할 수 있는데 신종자본증권 전체의 특성을 고려하여 주계약을 먼저 식별하여 분류하고 내재파생상품을 판단할 것인지(**관점 1**), 신종자본증권에서 내재파생상품을 먼저 식별하고 나머지를 주계약으로 판단하여 분류할 것인지(**관점 2**)를 검토하고 일관된 회계정책을 적용한다.

핵심사항 ❹ 내재파생상품을 분리할지를 검토한다.

기준서 제1039호의 내재파생상품과 관련된 회계처리의 기본 원칙은 기업이 비파생금융상품이나 기타계약에 파생상품을 포함할 경우 파생상품의 인식과 측정에 관한 회계 · 규정(공정가치로 측정하고 그 변동분을 당기손익으로 인식)을 우회할 수 있도록 해서는 안

된다는 것이다. 따라서 기업회계기준서 제1039호에서는 내재파생상품에 대한 회계처리에 일관성을 유지하기 위하여 공정가치로 측정하여 당기손익으로 인식하지 않는 금융상품에 내재된 모든 파생상품은 분리하여 파생상품으로 회계처리를 하는 것을 기본 원칙으로 한다.[7)]

다음을 모두 충족하는 경우에는 내재파생상품을 주계약과 분리하여 별도의 파생상품으로 회계처리를 한다.

① 내재파생상품의 경제적 특성 및 위험이 주계약의 경제적 특성 및 위험과 밀접하게 관련되어 있지 않다.
② 내재파생상품과 동일한 조건을 가진 별도의 금융상품 등이 파생상품의 정의를 충족한다.
③ 복합상품의 공정가치 변동이 당기손익으로 인식되지 아니한다.

주계약에 만기가 명시되어 있지 않거나 예정되어 있지 않고, 주계약이 순자산에 대한 잔여지분을 나타낸다면, 해당 주계약의 경제적 특성과 위험은 지분상품의 경제적 특성과 위험이 있다고 본다. 이때 내재파생상품이 주계약과 밀접하게 관련되어 있다고 보기 위해서는 해당 내재파생상품이 동일한 기업에 관련된 지분특성을 보유하여야 한다.

금융자산을 채무상품이나 지분상품으로 분류하기 위해 관련 기준서에서 정하고 있는 내용을 핵심사항 위주로 설명하였다. 이하에서는 이러한 복합상품 중 신종자본증권을 중심으로 실제 적용 사례를 살펴보고자 한다.

---

7) 내재파생상품의 경제적 특성과 위험이 주계약과 밀접하게 관련되어 있는지를 판단하는 것이 쉽지 않은 경우가 있다. 따라서 복잡한 금융상품을 보유하는 기업은 내재파생상품을 식별하고 분석해야 하기 때문에 이에 따른 원가가 유의적으로 증가될 수도 있다. 이를 막기 위하여 기준서 제1039호에서는 내재파생상품을 분리하는 대신에 복합금융상품 전체를 당기손익인식항목으로 지정하여 회계처리를 하는 것을 허용하고 있다. 다만, 내재파생상품으로 인해 변경되는 복합계약의 현금흐름의 변동이 유의적이지 않거나 유사한 복합계약을 고려할 때, 별도로 상세하게 분석하지 않아도 내재파생상품의 분리가 금지된 것을 명백하게 알 수 있는 경우에는 복합계약 전체를 당기손익인식항목으로 지정할 수 없다.

03 투자자의 신종자본증권 사례

회계문제

발행자의 재량으로 원리금의 지급을 회피할 수 있는 신종자본증권의 발행조건은 다음과 같다.

> 만기가 30년이지만 발행자가 재량으로 계속 만기를 연장할 수 있으며 발행 후 10년이 되는 시점에 중도상환할 수도 있다. 단, 발행 후 10년이 되는 시점에 중도상환하지 않을 경우 100bp의 이자가 가산되며, 발행 후 10년마다 시장이자율 변동을 고려하여 이자율을 재설정한다. 그러나 발행자는 재량으로 이자를 지급하지 않을 수도 있다. 청산 시 원금 지급 순위는 후순위 채무로 본다.

이 신종자본증권에 대해 투자자는 주계약을 어떻게 분류(채무상품, 지분상품)하여야 하는지를 결정하고 그 판단 근거를 살펴보기로 한다.

결론

주계약의 분류에 대한 두 가지 관점에 따라, 선택적으로 신종자본증권의 주계약을 지분상품 또는 채무상품으로 회계처리를 할 수 있다.

(1) **관점 1**에 의하면, 해당 신종자본증권은 이자율 상향조정 조건을 포함한 우선배당률을 갖는 지분상품(주계약)과 중도상환옵션(내재파생상품)으로 구성된 복합금융상품으로 볼 수 있으며 지분상품인 주계약에 대한 중도상환옵션은 매도콜옵션으로서 기업회계기준서 제1039호에 따라 주계약과 분리하여야 한다.

(2) **관점 2**에 의하면, 해당 신종자본증권은 채무상품(주계약)과 만기연장옵션, 중도상환옵션 및 이자지급생략옵션으로 구성된 복합금융상품으로 볼 수 있다. 일반적으로 하나의 주계약에 포함된 복수의 내재파생상품은 하나의 복합내재파생상품으로 처리한다. 다만, 하나의 주계약에 포함된 둘 이상의 내재파생상

품이 서로 다른 위험에 노출되어 있으며, 각각 쉽게 분리할 수 있고 서로 독립적인 경우에는 각각의 내재파생상품을 분리하여 회계처리를 한다.

03.1 관점 1에 따른 주계약의 판단

판단 근거

전체 신종자본증권의 분류에 따라 주계약을 분류(관점 1)

이 관점에 따라 해당 신종자본증권의 주계약을 분류하기 위해서 먼저 전체 금융상품의 분류를 검토해야 한다.

논점 1 | 신종자본증권 전체가 무엇으로 분류되는가?

기준서 제1032호의 정의 : 기준서 제1039호 문단 8에서 지분상품과 채무상품의 의미는 발행자와 투자자 모두에게 똑같이 기준서 제1032호에서 정의하는 바와 같이 사용하도록 규정하고 있다. 그러므로 기준서 제1032호의 지분상품의 정의를 충족하면 기업회계기준서 제1039호를 적용할 때도 지분상품으로 처리하여야 한다. 해당 신종자본증권은 기준서 제1032호의 지분상품의 정의를 충족(발행자 회계처리 참조)한다. 즉 순자산에 대한 잔여지분을 나타내며 발행자가 계속 지급을 연기할 수 있으므로 사실상 만기가 없다. 따라서 신종자본증권의 발행자가 기준서 제1032호에 따라 신종자본증권을 자본으로 분류한 경우에는 투자자도 그 신종자본증권을 지분상품으로 분류해야 할 것이다.

논점 2 | 전체 신종자본증권의 분류에 따라 주계약을 분류한다.

해당 신종자본증권이 지분상품이라면 주계약은 지분상품이다. 주계약이 지분상품이므로 이를 기준으로 내재파생상품을 식별하고 분리 여부를 검토한다.

논점 3 | 내재파생상품을 주계약과 분리할 것인지 검토한다.

주계약의 경제적 특성 및 위험과 밀접하게 관련되어 있지 않은 경제적 특성과 위험이 존재하는 내재파생상품은 파생상품의 정의를 충족할 경우 분리하여 회계처리를 한다.

① **발행자 만기연장옵션 :** 주계약을 지분상품으로 볼 때 만기를 연장할 수 있는 옵션은 주계약의 일부를 구성하므로 분리할 내재파생상품이 아니다.
② **발행자의 중도상환옵션 :** 지분상품의 발행자가 특정 가격으로 해당 지분상품을 재매입할 수 있는 내재콜옵션은 주계약인 지분상품과 밀접하게 관련되어 있지 않다. 따라서 내재파생상품의 분리요건을 충족하므로 분리하여 회계처리를 한다.
③ **발행자의 이자지급생략옵션 :** 주계약을 지분상품으로 볼 때 이자의 지급을 생략할 수 있는 발행자의 옵션은 주계약의 일부를 구성하므로 분리할 내재파생상품이 아니다.

03.2 관점 2에 따른 주계약의 판단

모든 파생상품을 식별 후 주계약을 분류(관점 2)

이 관점에 따라 해당 신종자본증권의 주계약을 분류하기 위해서 신종자본증권에서 내재파생상품을 우선 식별한 후, 잔여분인 주계약이 채무상품인지 또는 지분상품인지를 결정해야 한다.

논점 1 | 신종자본증권에서 내재파생상품을 우선 식별한다.
하나 이상의 내재파생상품을 포함하는 복합상품의 거래당사자가 되는 경우, 우선 그 복합상품에 포함되어 있는 내재파생상품을 식별한다.

논점 2 | 내재파생상품을 식별한 후 남은 주계약을 분류한다.
발행자 입장에서 지분상품이 보유자 입장에서도 반드시 지분상품이 된다고 볼 수는 없다. **관점 2**를 따른다면, 위 사례의 경우에 중도상환옵션, 만기연장옵션, 이자지급생략옵션은 내재파생상품으로 먼저 식별되므로 내재파생상품을 식별하고 남은 주계약은 30년 만기 채권의 현금흐름을 가진다. 따라서 주계약은 채무상품으로 분류된다.

논점 3 | 내재파생상품을 주계약과 분리할 것인지 검토한다.

내재파생상품을 주계약에서 분리하는 것이 필요한지를 평가하며, 분리대상 내재파생상품은 최초 인식 시점과 그 이후 기간에 공정가치로 측정한다.

① **발행자 만기연장옵션** : 만기를 연장할 수 있는 옵션은 주계약인 채무상품과 경제적 특성 및 위험이 밀접하게 관련되어 있지 않다. 따라서 내재파생상품의 분리요건을 충족하므로 분리하여 회계처리를 한다. 다만, 만기를 연장하는 시점에 현행 시장이자율에 따라 이자율을 동시에 조정하는 경우에는 주계약인 채무상품과 밀접하게 관련되어 있다.

② **발행자의 중도상환옵션** : 채무상품에 내재된 중도상환옵션은 주계약과 밀접하게 관련되어 있지 않다. 따라서 내재파생상품의 분리요건을 충족하므로 분리하여 회계처리를 한다.[8]

③ **발행자의 이자지급생략옵션** : 이자의 지급을 생략할 수 있는 옵션은 주계약인 채무상품과 경제적 특성과 위험이 밀접하게 관련되어 있지 않다. 따라서 내재파생상품의 분리요건을 충족하므로 분리하여 회계처리를 한다.

---

8) 다만, 다음의 경우는 제외한다. 옵션 행사가격이 옵션 행사일 현재 주계약인 채무상품의 상각후원가와 거의 동일하다. 중도상환옵션의 행사가격이 주계약의 잔여기간에 해당하는 상실이자의 현재가치에 근사한 금액으로 대여자에게 보상하는 금액이다. 상실이자는 이자율 차이에 중도상환한 원금을 곱한 금액이다. 이자율 차이는 중도상환된 원금을 주계약의 잔여기간에 유사한 계약에 재투자했다면 중도상환일에 수취하게 될 유효이자율을 초과하는 주계약의 유효이자율 부분이다.

참고 Reference

2006년 11월 IFRS 해석위원회의 안건자료에서는 복합상품의 투자자는 복합상품에서 내재파생상품을 우선 식별한 후 잔여분을 주계약으로 보며 주계약이 채무상품인지 또는 지분상품인지를 결정해야 한다고 언급하고 있다. **관점 2**는 이 해석위원회의 안건자료에 근거한다.

해당 안건자료에 대하여 2006년 11월 IFRS 해석위원회는 다음의 두 가지를 고려하였다. 첫째, 복합상품 투자자의 회계처리가 발행자의 회계처리와 대칭적이어야 하는지와 둘째, 주계약의 계정 분류는 내재파생상품을 분리한 후에 판단해야 하는 것인지 아니면 전체적으로 판단해야 하는지를 고려하였다.

IFRS 해석위원회는 논의 후 다음과 같이 결론 내렸다.

- IAS 32(K-IFRS 제1032호)와 IAS 39(K-IFRS 제1039호)에서는 금융상품 투자자의 회계처리가 발행자의 회계처리와 대칭적이어야 하는지를 직접 다루고 있지는 않다.
- 금융상품 발행자는 IAS 32에 따라 분류하며 투자자는 IAS 39에 따라 분류하고 회계처리를 해야 한다.
- 투자자는 IAS 39에 따라 복합금융상품의 내재파생상품을 식별해야 하며 IAS 39 문단 11의 모든 조건을 충족하는 내재파생상품은 분리하여 회계처리를 한다.
- 투자자의 이러한 회계처리는 발행자가 재무제표에 내재파생상품을 분리하여 회계처리를 하였는지와 무관하게 적용한다.

IFRS 해석위원회의 결론에 따르면 발행자 입장에서 지분상품이 보유자 입장에서도 반드시 지분상품이 된다고 볼 수는 없다. 또 IFRS 해석위원회의 스태프가 제시한 **관점 2**를 따른다면, 위 사례의 경우에 중도상환옵션, 만기연장옵션, 이자지급생략옵션은 내재파생상품으로 먼저 식별되므로 그 나머지 현금흐름인 30년 만기 채권이 신종자본증권의 주계약이 된다.

한편, IFRS 해석위원회의 결론이 IFRS 해석위원회 스태프의 주장을 그대로 수용하는지는 논란이 있다. IFRS 해석위원회의 결론은 금융상품 보유자가 IAS 39에 따라 복합금융상품을 적절히 분리해야 한다는 기본적인 사항을 설명한 것으로 발행자 입장에서 '지분상품'이 보유자 입장에서 '채무상품과 내재파생상품'으로 분리될 수 있는지에 대해서는 명확하게 언급하고 있지 않다는 주장이 그중 하나이다.

03.3 관점 1과 관점 2에 대한 평가

두 관점에 대한 평가

관점 1 또는 **관점** 2를 수용하여 회사는 선택적으로 신종자본증권의 주계약을 지분상품 또는 채무상품으로 회계처리를 할 수 있다. 왜냐하면, 현행 기준에서는 두 관점 모두를 지지하는 문단이 각각 존재하고, IFRS 해석위원회의 안건자료에서 언급된 바와 같이 해외의 회계처리 사례도 일관된 것은 아니기 때문이다. 그러나 앞서 언급한 바와 같이 두 관점에 따른 분류는 한정된 신종자본증권에만 국한되므로 모든 복합금융상품의 분류에 적용되는 것은 아니라는 점에 주의를 기울여야할 것이다. 즉 모든 복합금융상품의 주계약의 분류 시 두 관점을 선택적으로 적용할 수 있는 것은 아니다.

참고로 주식의 형태로 발행된 복합금융상품의 주계약이 채무상품인지 혹은 지분상품인지를 결정하는 것과 관련된 미국회계기준을 소개한다. 미국회계기준에서는 복합계약 내의 모든 조건과 특성을 검토하고 실질을 평가하고 중요도를 고려하여 주계약의 성격을 결정한다는 점이 특징적이다.

참고 Reference

복합상품 관련 미국회계기준위원회(FASB)의 최근(2014년 11월) 개정 사항(815-15)

내재파생상품 및 주계약의 분리에 대하여 IFRS와 유사한 회계기준을 가지고 있는 미국의 FASB에서는 최근 현안 전담반(Emerging Issues Task Force)의 논의 주제로 '주식의 형태로 발행된 복합금융상품 내 주계약이 채무상품인지 혹은 지분상품인지에 대한 결정(Determining Whether the Host Contract in a Hybrid Financial Instrument Issued in the Form of a Share Is More Akin to Debt or to Equity)'을 검토하고 아래의 세 가지 방식을 고려한 후에 방식 1로 입장을 결정하고 기준서에 이를 포함시켰다. 다만 해당 결정은 주식의 형태로 발행된 복합계약의 주계약의 본질이 채무상품에 가까운지 혹은 지분상품에 가까운지를 결정하는 것으로 한정하고 있다.

- **방식 1 :** 복합계약의 모든 조건과 특성을 고려하여 주계약의 성격을 결정하고 내재파생상품이 주계약과 명확하고 밀접하게 관련이 있는지를 결정하기 위해 각각의 내재파생상품의 특성과 주계약을 비교한다(Whole instrument approach).

- **방식 2 :** 분리를 위해 평가할 내재파생상품의 특성을 제외하고 모든 복합계약의 조건과 특성을 고려하여 주계약의 성격을 결정한다(Chameleon Approach). 이때 분리하기 위한 평가는 각각의 내재파생상품의 특성별로 개별적으로 수행한다. 따라서 복합계약이 하나 이상의 내재파생상품의 특성이 있다면 주계약의 성격은 각각의 특성이 별도로 평가될 때 바뀔 수 있다.
- **방식 3 :** 모든 내재파생상품의 특성을 제외하고 주계약의 성격을 결정한다(Pure host Approach). 주계약의 성격을 결정하기 위해 남아 있는 모든 조건과 특성을 분석한다. 내재파생상품의 특성이 주계약과 명확하고 밀접하게 관련이 있는지를 결정하기 위해 각각의 내재파생상품의 특성과 주계약을 개별적으로 비교한다.

FASB가 방식 1(Whole instrument approach), 즉 주계약의 특성 결정할 때 전체 상품의 조건과 내재파생상품의 특성을 고려하도록 한 논거는 다음과 같다.

- 복합금융상품의 현금흐름은 궁극적으로 상품이 가지고 있는 모든 계약상 규정이 상호작용하고 투자자 혹은 발행자가 계약 내의 옵션을 행사하는 방식에 의해 나타나게 되므로 주계약의 경제적 특성과 위험을 분석하면서 특정 조건이나 특성만을 고려하거나 특정 조건이나 특성을 고려하지 않는 것은 적절하지 않다.
- 방식 1은 현행 실무에서 가장 일반적으로 사용되는 방식이며 SEC 스태프가 발표한 지침 'Topic 815에 따라 주식 형태로 발행된 복합계약과 관련된 주계약의 특성 결정(Determining the Nature of a Host Contract Related to a Hybrid Instrument Issued in the Form of a Share Under Topic 815)'과 일관된다.

  * 주계약의 경제적 특성과 위험을 고려할 때 복합금융상품의 명시적이거나 암묵적인 실질적 조건을 모두 고려해야 함

- 분리를 위해 평가할 필요가 있는 내재파생상품의 특성을 제외하고 모든 조건과 특성을 고려하는 다른 대안(Chameleon approach)은 평가할 필요가 있는 각 내재파생상품의 특성과 주계약의 특성을 별도로 고려하게 되어 평가될 내재파생상품의 특성에 따라 주계약의 특성이 변동하게 되고 지분상품의 특성과 채무상품의 특성을 모두 가지고 있는 복합계약의 분리 시 재무제표작성자의 평가를 어렵게 하며 투자자도 이해하기 어려울 수 있다. 단일의 복합계약 내의 주계약이 상품의 경제적 특성은 변하지 않았음에도 불구하고 평가의 목적상 그 특성을 변화시키는 것은 적절하지 않다.

방식 1은 다음의 세 단계를 거쳐 주계약을 판단한다.

- **단계 1 :** 주계약의 성격을 결정하기 위하여 복합계약 내의 명시적이고 암

묵적인 모든 조건과 특성(예 : 전환옵션, 상환옵션, 의결권, 배당을 받을 권리, 보호 조항)을 식별하고 각각의 조건과 특성이 채무상품의 특성을 갖는지 지분상품의 특성을 갖는지를 결정

- **단계 2 :** 관련된 조건과 특성의 실질을 평가(주어진 상황에서 채무상품의 특성이나 지분상품의 특성의 상대적 중요도(relative strength)를 고려)한다. 이때 다음을 고려한다.
  - 조건 및 특성의 성격(예 : 조건부 또는 무조건부, 내가격 또는 외가격)
  - 복합상품의 발행/취득 당시의 상황(예 : 발행자의 자본이 충분히 확충되어 있는지 또는 이익이 발생하고 있는지)
  - 복합상품의 기대되는 결과(발행자의 주식발행, 자산이전으로 결제될 가능성 또는 주식으로 남아 있을 가능성 등)
- **단계 3 :** 복합계약의 모든 명시적이고 암묵적인 실질적 조건과 특성을 평가하고 관련 사실 및 상황에서 각각의 조건과 특성에 가중치를 두어 주계약의 성격을 결정

03.4 요점 노트

신종자본증권 투자자의 회계처리를 위해 검토하거나 유의할 사항을 요약하면 다음과 같다.

- 신종자본증권을 당기손익인식항목으로 지정한다면 신종자본증권 전체를 공정가치로 평가하고 그 변동분은 당기손익으로 인식한다.
- 신종자본증권은 지분상품과 채무상품에 내재파생상품이 포함된 복합상품이므로 신종자본증권을 당기손익인식항목으로 지정하지 않는다면 주계약과 내재파생상품으로 분리하여 회계처리를 한다.
- 신종자본증권 투자자는 **관점** 1과 **관점** 2에 따라 신종자본증권의 주계약을 분류할 수 있으며 주계약의 분류 후 내재파생상품의 특성과 위험을 고려하여 주계약과 분리할 것인지 검토한다.
  - **관점** 1은 전체 신종자본증권의 구성과 조건을 검토하여 그 분류를 결정하고 이 분류에 따라 주계약을 분류하는 관점이다.
  - **관점** 2는 신종자본증권에서 모든 파생상품을 식별 후 나머지를 주계약으로 보고 주계약이 채무상품인지 또는 지분상품인

지를 결정하는 관점이다.

- **관점 1** 또는 **관점 2**에 따른 분류는 신종자본증권의 경우에만 적용하며 모든 복합상품을 이러한 관점에 따라 선택하여 회계처리를 할 수 있는 것은 아니다.

Ⅳ 맺음말

이 자료에서는 신종자본증권의 회계처리에 대하여 발행자 회계처리와 투자자 회계처리로 나누어 검토해 보았다. 신종자본증권 발행자의 회계처리에서는 실제 국내에서 발행되었던 신종자본증권의 사례를 기준서에 기초하여 자본으로 분류하는 근거를 살펴보았다. 이 사례의 신종자본증권은 현금 등 금융자산을 인도할 계약상 의무가 없고 변동할 수 있는 자기지분상품을 인도할 계약상 의무가 없는 비파생금융상품에 해당하므로 자본으로 분류하는 경우이다.

그리고 신종자본증권 투자자 회계처리에서는 주계약의 판단과 내재파생상품의 분리 회계처리에 대하여 검토해 보았다. 이에 따르면 신종자본증권의 투자자는 주계약을 지분상품 또는 채무상품으로 회계처리를 할 수 있으며 분리요건을 충족하는 내재파생상품은 주계약과 분리하여 회계처리를 해야 할 것이다.

한편, 위에서 설명한 내용을 적용할 때 신종자본증권으로 불리는 복합상품이라 하더라도 개별 발행조건과 상황이 각각 다를 수 있으므로 일률적으로 또는 기계적으로 유추하거나 확장하여 적용할 수는 없으며, 개별 발행조건과 상황에 따라 검토하고 분석하여야 한다. 때에 따라서는 추가로 고려할 사항이 있을 수 있다는 점을 유의하여야 한다.

참고 자료

권수영 · 황유선, 2013, 신종자본증권(Hybrid Instrument) 분류에 대한 정보적 · 측정적 · 경제적 파급효과 접근(금융부채 vs 지분상품), 회계저널(제22권 제6호) : 39-68

미국회계기준위원회, EITF Issue No.13-G '*Determining Whether the Host Contract in a Hybrid Financial Instrument Issued in the Form of a Share Is More Akin to Debt or to Equity*'

신현걸 · 김기영 · 김정선, 2014, 발행자 및 투자자의 신종자본증권 분류에 관한 연구, 세무와회계저널(제15권 제3호) : 235-259

한국회계기준원, 2013, [보도자료] '신종자본증권' 회계처리 심의결과

한국회계기준원, 기업회계기준서 제1032호 '금융상품 : 표시'

한국회계기준원, 기업회계기준서 제1039호 '금융상품 : 인식과 측정'

IFRS 해석위원회, 2006, 안건자료 '*Financial Instrument puttable at an amount other than Fair Value(Agenda Paper 12(ii))*'

IFRS 해석위원회, 2006, 안건자료 '*Financial Instruments : Presentation – Classification of a Financial Instrument*'

IFRS 해석위원회, 2007, IFRIC Update

IFRS 해석위원회, 2014, IFRIC Update

IFRS 해석위원회, 2014, 안건자료 '*IAS 39 Financial Instruments: Recognition and Measurement Classification of a hybrid financial instrument by the holder*'

US GAAP Topic 815-15

본 교육자료는 한국회계기준원 조사연구실의 김은경 연구원과 엄경순 초빙연구원이 주로 집필하였으며, 고려대학교 이한상 교수, 안진회계법인 김태영 상무와 조사연구실의 검토를 거쳐 완성되었습니다.

회계기준 길잡이 ❶

금융상품 분류 : 신종자본증권

2015년 8월 25일 제1판 1쇄 인쇄
2015년 8월 31일 제1판 1쇄 발행

저 자 한국회계기준원 조사연구실
발 행 인 권 영 섭
발 행 처 (주)신 영 사

경기도 파주시 심학산로 12(서패동)
등 록 : 1988. 5. 2 / 제406-1988-000020호
전 화 : 031-946-2894(代)
F A X : 031-946-0799
e-mail : sys28945@naver.com
홈페이지 : http://www.shinyoungsa.co.kr

정가 3,000원 ISBN 978-89-5501-601-7